NEPHTÉ,

TRAGÉDIE

EN TROIS ACTES,

REPRÉSENTÉE

POUR LA PREMIERE FOIS,

PAR

L'ACADÉMIE ROYALE DE MUSIQUE,

LE MARDI 15 DÉCEMBRE 1789.

PRIX XXX SOLS.

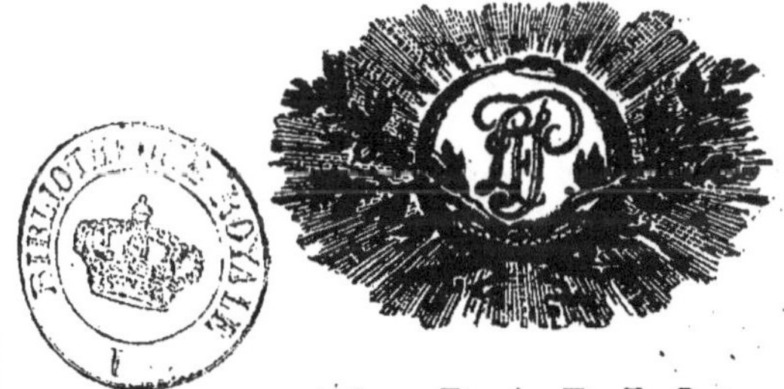

A PARIS,

CHEZ PRAULT, IMPRIMEUR DU ROI,

Quai des Augustins, à l'Immortalité.

On trouvera des exemplaires à la Salle de l'Opera.

M. DCC. XC.

AVEC APPROBATION ET PRIVILÈGE DU ROI.

Les paroles ſont de M. HOFFMAN.

La muſique eſt de M. LEMOINE.

ACTEURS ET ACTRICES

CHANTANS DANS LES CHŒURS.

COTÉ DE LA REINE.		COTÉ DU ROI.	
Meſdemoiſelles.	*Meſſieurs.*	*Meſdemoiſelles.*	*Meſſieurs.*
É. Gavaudan.	Martin.	Courneuve.	Rey.
Le Clerc.	Legrand.	Manthe.	Le Coq.
Dubuiſſon.	Pouſſez.	Tauner.	Chapelot.
Rouxelin.	Dupleſſier.	Macker.	Weſtminſter.
Garrus.	Touvoys.	Beaumont.	
Sanctus.	Pingal.	Davide.	
Delaigle.	Delboy.	Desmarais.	Tacuſſet.
Gouémelle.	Cavallier.	Marinville.	Le Roux, 1.
Ballaſſé.	Moulin.	Clozet.	De Lori.
Vadée.	Jouve.	Méziere.	Bouvard.
Gambais.	Duchamp.	Ducheſne.	Joinville.
	Débeirk.		Rouen.
	Bourbier.		Chevrier.
	Ramey.		Le Roux, 3e

ACTEURS.

NEPHTÉ,	Mlle. MAILLARD.
PHARÈS,	M. LAINEZ.
AMEDÈS,	M. ADRIEN.
CHEMMIS,	M. DUFRESNE.
FILLE du temple d'Osiris,	Mlle. Roussesslois.
PRÊTRES des Tombeaux, MM.	CHATEAUFORT. LE ROUX, cadet. POUSSEZ. LEGRAND.
GRAND-PRÊTRE de l'Hymen,	M. CHATEAUFORT.
LE FILS DE NEPHTÉ enfant,	Mlle. ROSETTE.

VINGT-CINQ JEUNES FILLES du temple d'Osiris.

GRANDS DE L'ETAT, PRÊTRES, FEMMES de la suite de Nephté; SOLDATS, PEUPLE égyptien.

La Scène est dans le palais des Rois de Memphis.

A MADAME

SAINT-HUBERTI,

DE L'ACADÉMIE ROYALE DE MUSIQUE.

Madame,

Je vous offre un ouvrage qui avoit été fait pour vous, & qui attendoit de vous ſon plus bel ornement. Puiſſent tous ceux qui courent la carrière des lettres, oublier, comme moi, qu'il eſt des perſonnes riches & puiſſantes, & ne ſe ſouvenir dans leurs dédicaces, que de l'eſprit & des talens!

HOFFMANN.

TRAIT D'HISTOIRE.

CAMMA, fille de Léonorius, épousa Sinatus, roi de Galatie. Sinorix, parent de Sinatus, le fit assassiner pour lui ravir sa couronne & son épouse. Aimé des soldats, il obtint facilement le trône; mais Camma lui opposa toujours une résistance inflexible. Enfin cette reine, abandonnée de tout le monde, menacée par Sinorix, peu respectée par son peuple rebelle, fut contrainte de donner la main au meurtrier de son époux. Mais, fidelle à ses premiers engagemens, & conservant dans son cœur autant d'amour pour Sinatus que d'horreur pour l'assassin, elle empoisonna la coupe nuptiale, & se fit périr avec l'usurpateur. PLUTARQUE.

Ce trait d'histoire a fourni à Thomas Corneille le sujet d'une tragédie. Mais ayant à travailler pour un siècle où l'amour étoit le principal mobile de toutes les actions dramatiques, ce poète a supposé que Camma peu fidelle à un époux qu'elle regrette peu, aime un jeune prince à qui elle veut donner sa couronne, & qu'elle ne cherche à faire périr

Sinorix, que pour mettre à la place de l'uſurpateur l'amant dont elle eſt épriſe.

Une telle conduite, de tels ſentimens nuiſent un peu à l'intérêt que devroit inſpirer l'héroïne ; & n'ayant pas, comme Thomas Corneille, les moyens de faire pardonner ce défaut, je me ſuis totalement écarté du plan de la tragédie, & j'ai conſervé le trait d'hiſtoire dans toute ſa pureté ; me permettant ſeulement de changer les noms des perſonnages.

Pour introduire ſur la ſcène de l'Opéra des coſtumes nouveaux & des mœurs nouvelles, j'ai tranſporté mon ſujet en Egypte ; j'ai donné à Camma le nom de Nephté, & j'ai reculé l'événement juſqu'à l'antiquité des tems mythologiques. Nephté n'eſt point un nom imaginaire ; ſelon Janblonski *, il eſt compoſé des deux mots *Neith* & *ptha*, qui ſont les noms de deux divinités égyptiennes, dont l'une eſt la Minerve, & l'autre le Vulcain des Grecs ; ce qui ſignifie *ſageſſe* & *courage*, qualités que j'ai tâché de conſerver à Nephté.

* Pantheon egiptiacum.

Un autre motif m'a déterminé à choiſir la capitale de l'Égypte pour le lieu de la ſcène. Iſis, grande déeſſe des Egyptiens, a beauconp de rapport avec Nephté, en ce qu'elle a toujours été fidelle à Oſiris ſon frère & ſon époux ; qu'elle a tiré une vengeance éclatante de Thyphon, meurtrier d'Oſiris, & conſervé la couronne à ſon fils Horus.

J'ai pris dans Hérodote & Diodore l'idée des cérémonies funèbres, où les chants de joie ſuccédoient aux accens plaintifs, lorſque le mort avoit été reçu favorablement par les juges des enfers ; c'eſt dans les mêmes auteurs que j'ai trouvé la deſcription des ſites que repréſentent les décorations du premier & du troiſième acte ; & je crois que le public verra avec plaiſir les tableaux que M. Paris a ſu compoſer d'après le programme très imparfait que je lui ai préſenté.

J'ai donné à Nephté & à Amédès, grand-prêtre, les noms de *père* & de *fille*, qu'on entendra ſouvent dans le cours de l'ouvrage, quoiqu'Amédès ne ſoit point le père de Nephté. J'ai cru être autoriſé à me ſervir de ces termes, d'après Diodore *, qui nous apprend que les grands-prêtres étoient chargés de l'éducation des princes, & que les enfans des rois étoient ſervis par les enfans des prêtres.

* Livre 1.

J'ai employé comme un des reſſorts de cette tragédie, la néceſſité où ſe trouve Nephté de choiſir un ſecond époux pour conſerver la couronne. Cela

Livre 2. eſt conforme à Hérodote *, qui aſſure que jamais l'Egypte ne fut gouvernée par aucune femme, ſi ce n'eſt à titre d'uſurpation. M. Paw appuie ce ſentiment dans ſes Recherches philoſophiques ſur les Section 2. Egyptiens *; il dit que dans ce pays les femmes étoient inhabiles à régner.

J'eſpère qu'on m'excuſera de m'être écarté de la tragédie de Camma. Quelque bon guide que dût être pour moi le frère du grand Corneille, j'ai cru devoit m'en tenir à la ſimplicité de l'hiſtoire, ſurtout à un théatre où le ſujet doit être clair, la marche facile & l'action ſobrement intriguée. Les perſonnes qui ſe donneront la peine de lire ces deux ouvrages, reconnoîtront qu'ils n'ont rien de ſemblable pour la marche, que le dénoument qui eſt en récit dans Camma, & en action dans Nephté.

ACTE IER.

Tout le côté droit du théatre doit repréfenter une montagne aride, fous laquelle font pratiqués douze cryptes ou grottes fépulchrales taillées dans le rocher. Chacune de ces grottes contient le tombeau d'un des rois d'Égypte, et chacune est éclairée par une lampe funèbre. Celle où fe trouve le tombeau de Séthos eft la première, et paroît de formation plus nouvelle. Quatre prêtres vêtus de robes de lin font affis fur quatre pierres, placées aux quatre angles du tombeau.

Le côté gauche eft occupé par la façade extérieure du palais de Memphis.

A l'extrémité de la montagne s'élève le grand temple d'Ofiris ou du Soleil, dont on n'apperçoit que les portes. Ce temple n'occupera que la moitié du fond, de forte que dans l'intervalle qui reftera entre lui & les grottes, on appercevra dans le lointain une partie des riches campagnes qui bordent le Nil, & l'une des grandes pyramides, dont la pointe fe perdra dans l'horizon.

Une avenue de ſphinx de forme coloſſale, conduira du temple au portique du palais.

Enfin l'eſpace qui reſte entre les ſphinx & les grottes eſt un lieu planté de cyprès.

Le jour n'eſt pas encore levé, & le théatre ne paroît éclairé que par la lueur des lampes funèbres.

SCENE I^ERE.

QUATRE PRÊTRES *aſſis aux quatre angles du tombeau de Sethos.*

IER. PRÊTRE.

MEMPHIS, ton roi n'eſt plus; abaiſſe ton orgueil.
Ta fortune des dieux éprouve l'inclémence;
Memphis, ton roi n'eſt plus, couvre-toi d'un long deuil.

IIE. PRÊTRE.

Sceptre, grandeurs, vertus, puiſſance,
Vous avez diſparu dans l'ombre du cercueil.

CHŒUR.

Memphis, ton roi n'eſt plus, abaiſſe ton orgueil.

IIIE. PRÊTRE.

Ah! ſi la ſeule mort faiſoit couler nos larmes!

Si ce héros dans les combats,
En y cherchant la gloire, eût trouvé le trépas.

IVE. PRÊTRE.

Nous n'aurions à pleurer que sur le sort des armes.

IER. PRÊTRE.

Mais un frère, grands dieux !...

II. PRÊTRE.

Le fit assassiner.

IIIE. PRÊTRE.

O crime!

IVE. PRÊTRE.

O trahison!

IER. PRÊTRE.

O projet sanguinaire!

IIE. PRÊTRE.

Un frère qu'il aimoit le fit assassiner.

CHŒUR.

Fatale ambition! la fureur de régner
N'épargne pas le sang d'un frère.

IER. PRÊTRE.

Memphis, ton roi n'est plus, couvre-toi d'un long deuil.

IIE. PRÊTRE.

Ta fortune des dieux éprouve l'inclémence.

IIIE. PRÊTRE.

Sceptre, grandeurs, vertus, puiſſance,

IVE. PRÊTRE.

Vous avez diſparu dans l'ombre du cercueil.

CHŒUR.

Memphis, ton roi n'eſt plus, abaiſſe ton orgueil.

(Le premier prêtre ſe lève ; il parcourt lentement le théatre, & jette les yeux vers le fond que l'aurore commence à éclairer. Les autres prêtres, à l'aſpect du jour, vont éteindre les lampes des tombeaux.)

IER. PRÊTRE.

Déja la pourpre de l'aurore
A rougi la voûte des cieux ;
Voici l'heure où Nephté, conduite par les dieux,
Porte un tribut de pleurs à l'ombre qu'elle adore.

IIE. PRÊTRE.

Réveille-toi, Séthos, & ſouris à ſes vœux ;
Tu fus dans ton palais l'objet de tous ſes feux,
Dans la tombe tu l'es encore.

IIIE. PRÊTRE.

Elle n'eut point de part aux coupables complots
Qui réclament des cieux la trop lente vengeance.

IVE. PRÊTRE.

Elle t'aime toujours, & n'a d'autre espérance
Que de vivre avec toi dans la nuit des tombeaux,
Et de te consoler par sa douce présence.

IER. PRÊTRE.

Cessez vos chants plaintifs ; cette reine s'avance :
Son fils seul l'accompagne, & soulage ses maux.

IIE. PRÊTRE.

Cher enfant ! heureuse innocence !
Il ne sent point encor tout ce qu'il a perdu.

IIIE. PRÊTRE.

Ni combien de périls assiègent son enfance.

CHŒUR, *tandis que Nepthé s'avance.*

O ciel vengeur, comment puniras-tu
Les scélérats qui bravent ta puissance ;
Si tant de maux éprouvent la vertu,
Si tant de maux accablent l'innocence ?

SCENE II.

LES QUATRE PRÊTRES, NEPHTÉ, SON FILS.

(Nephté approche de la tombe ſur la fin du chœur précédent. Les prêtres ſe ſéparent avec reſpect, & laiſſent avancer la reine. Celle-ci fait aſſeoir ſon fils ſur une des pierres qui environnent le tombeau.)

NEPHTÉ.

Toi qui juſqu'à ma mort conſerveras ma foi ;
Séthos, puis-je eſpérer que ſur la rive ſombre
Les pleurs de ton épouſe iront toucher ton ombre !
O mon époux, ô mon amant, dis-moi
Si mes ſoupirs vont encor juſqu'à toi.
Que ton œil, s'il ſe peut, ſe r'ouvre à la lumière ;
Vois ce gage de nos amours,
Lui ſeul ſoulage ma miſère,
Lui ſeul peut me forcer à prolonger mes jours.
Cher enfant, un forfait t'a privé de ton père,
Et peut-être bientôt tu vas perdre ta mère....
O mon époux, ô mon amant, dis-moi
Si mes gémiſſemens vont encor juſqu'à toi.

Ier. PRÊTRE.

Sans doute il vous entend; ſans ceſſe ſa préſence
D'une majeſté ſainte anime tous vos traits;
Sa grande ombre vous ſuit, ne vous quitte jamais,
Et ſur vous maintenant elle plâne en ſilence.

NEPHTÉ.

O Séthos, ô mon roi, ne m'abandonne pas;
Rappelle dans ton ſein ton épouſe fidelle;
Commande, elle te ſuit dans la nuit du trépas;
Sans toi le monde entier n'eſt qu'un déſert pour elle.

IIe. PRÊTRE.

Reine, il ne ſuffit pas de pleurer votre époux.
Laiſſez aux foibles cœurs des regrets inutiles.
Le ciel vous fit une âme, & le ciel mit en vous
D'autres ſoulagemens que des larmes ſtériles.

NEPHTÉ, *au tombeau.*

Oui, je veux te venger, arme ma foible main;
Perce l'affreux ſecret, nomme ton aſſaſſin;
Quelque puiſſant qu'il ſoit, il faudra qu'il ſuccombe;
Tout ſon ſang va couler, il rougira ta tombe.

IIIe. PRÊTRE.

Si l'oracle nous donne un préſage certain,

Du meurtrier le supplice s'avance.

NEPHTÉ.

Je puis donc le connoître & lui percer le sein?

IVE. PRÊTRE.

Le ciel a désigné l'objet de la vengeance,
Mais le sage Amédès, l'interprête des dieux;
Peut seul nous révéler ce mystère odieux.

SCENE III.

LES PRÉCÉDENS, CHEMMIS.

CHEMMIS, *à Nepthé.*

De votre époux l'auguste frére
Vous cherche, & dans l'instant va paroître à vos yeux.

NEPHTÉ.

Pharès! que me veut-il?

IER. PRÊTRE, *avec horreur.*

Pharès, lui, dans ces lieux!

(Aussi-tôt les quatre Prêtres saisissent l'enfant, ils l'emmènent

l'emmènent dans la grotte, & chantent le chœur suivant, en jettant les yeux du côté où Pharès doit entrer.)

CHŒUR DE PRÊTRES.

Ah! périsse le téméraire
Qui vient troubler l'asyle de la paix!
(Ils entrent sous la grotte.)

NEPHTÉ.

Dieux! quel est cet affreux mystère?
Pharès auroit-il part au plus grand des forfaits?

SCENE IV.

NEPHTÉ, PHARÈS.

NEPHTÉ, *voyant venir Pharès de loin.*

L'HORREUR qui se répand m'annonce un parricide,
Un noir pressentiment me trouble à son aspect.
Il faut dissimuler, & dans l'œil du perfide,
Pénétrer, s'il se peut, son odieux secret.

PHARÈS.

Eh quoi, belle Nephté! ce lieu sinistre & sombre
A-t-il tant de charmes pour vous?

Faut-il que des cyprès attriſtent de leur ombre
Des traits ſi nobles & ſi doux ?

NEPHTÉ.

Le deuil de ces cyprès n'afflige point mon âme ;
Leur ſainte obſcurité convient à mon malheur.
S'ils ſont affreux pour moi, c'eſt par le crime infâme
Que ces tombeaux rappellent à mon cœur.

PHARÈS.

Hélas ! autant que vous j'en ai gémi moi-même ;
Mais le tems fait calmer la plus vive douleur.

NEPHTÉ.

Non, quand on a perdu le ſeul objet qu'on aime.

PHARÈS.

Ah ! Nepthé, cet amour dont vous brûlez en vain
Vous fait-il oublier qu'en fermant la paupière,
Séthos nous confia ſa volonté dernière,
Et vous fit une loi de me donner la main ?

NEPHTÉ.

Vous me parlez d'hymen, lorſque le ſang d'un frère
Fume encor ſur le marbre où ce prince expira ;
Vous oubliez bientôt cette ſcène cruelle.
Oui, je ſais qu'en mourant, mon époux deſira,

Ou parut desirer que je fusse infidelle ;
Il vouloit qu'un hymen embellît son trépas ;
Il vouloit de ma main payer tout votre zèle,
Mais mon époux, seigneur, ne nous connoissoit pas.

PHARÈS.

Il me connoissoit bien ; il savoit que ma gloire
Pourroit de son grand nom ennoblir la mémoire ;
Il nous trouvoit tous deux dignes de nous unir.
C'est un prix que Pharès mérita d'obtenir.
Ah! combien cet hymen illustreroit ma vie!
Ce bras combattant sous vos loix,
Protégera Memphis, fera trembler l'Asie,
Et pourra de Séthos égaler les exploits.
Mais si mes feux, mais si rien ne vous touche ;
A votre époux du moins consentez d'obéir ;
Voyez en moi son frère, & daignez accomplir
Le dernier voeu qui sortit de sa bouche.

NEPHTÉ.

Mais, seigneur, n'est-il mort que pour vous rendre heureux?
Il vous aima toujours, & son trépas affreux
Ne laisseroit dans le fond de votre âme
D'autre soin plus pressant qu'un projet amoureux?
Si vers un fol amour vous tournez tous vos voeux,

Quel ſera le vengeur que ſon ombre réclame ?
Ce prince, cet époux, ce frère infortuné,
Vous le ſavez, ſeigneur, mourut aſſaſſiné.

PHARÈS.

Eh ! pourquoi rappeller ſans ceſſe
Des maux qu'on ne peut réparer ?
C'eſt au ciel à frapper de ſa main vengereſſe
Les auteurs des forfaits qu'il nous laiſſe ignorer.
Veuve du grand Séthos, vivez pour admirer,
Vivez pour imiter ſes vertus, ſa ſageſſe ;
Vivons pour occuper le trône qu'il nous laiſſe ;
Vivons....

NEPHTÉ.

Pour le venger. Uniſſez-vous à moi ;
Venez ſur ce tombeau m'engager votre foi ;
Jurez-moi d'employer toute votre puiſſance
A punir l'aſſaſſin de mon auguſte époux ;
Jurez-moi que cette vengeance
De vos ſoins ſera le plus doux.

PHARÈS, *à part.*

Dieux ! ſerois-je trahi ? quel eſt donc ce myſtère ?

NEPHTÉ.

Vous héſitez, Seigneur, vous l'aimiez votre frère ?

Pour faire ce serment il m'en a moins coûté.

PHARÈS.

Je jure d'accomplir tous les vœux de Nephté ;
Sa volonté sera ma loi première.

NEPHTÉ.

Je ne veux rien pour moi. Jurez sur ce tombeau ;
Que vous serez vous-même le bourreau
Du monstre parricide, impie,
Dont le forfait causa le deuil de la patrie.

SCENE V.

LES PRÉCÉDENS, AMÉDÈS *sortant du temple, écoute Pharès.*

PHARÈS, *près du tombeau de Séthos.*

Ensemble.

Je jure par le fer qui brille dans ma main,
De punir de mon roi le coupable assassin.

AMÉDÈS, *à part, au fond du théâtre.*

Dieux ! & vous l'écoutez ce serment sacrilège !

NEPHTÉ, *à part, sur le devant de la scène.*

Le monstre s'est trahi ; je le tiens dans le piége.

AMÉDÈS.

Pharès, c'en eſt aſſez, le ciel eſt ſatisfait;
Il connoît la main criminelle:
Jamais il n'oublia de punir un forfait;
Compte ſur la vengeance; elle ſera cruelle.

PHARÈS.

Prêtre, vous qui parlez au nom d'un ciel vengeur,
Redoutez d'une erreur les ſuites dangereuſes;
Un oracle eſt ſouvent menteur,
Et toujours il nous fait des réponſes douteuſes.

(A Nephté, bas & en s'en allant.)

Reine, défiez-vous de ces bouches pieuſes,
Et ſachez que plus d'une fois,
Des miniſtres des dieux les mains religieuſes
Furent teintes du ſang des rois.

(Il ſort.)

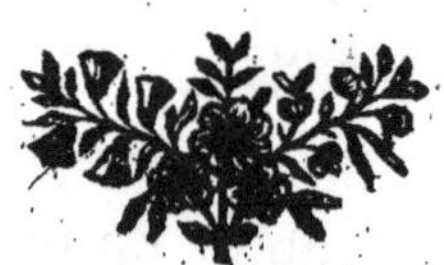

SCENE VI.

NEPHTÉ, AMÉDÈS.

AMÉDÈS, *à Pharès qui sort.*

Tu n'éviteras point la céleste vengeance;
Les dieux t'ont désigné, ton supplice est certain.

NEPHTÉ, *avec horreur.*

Le frère de Séthos!

AMÉDÈS.

Il est son assassin.

NEPHTÉ.

O mon fils, que de maux accablent ton enfance!
Dans ces jours de forfaits quel sera ton destin?
Le frère de Séthos!

AMÉDÈS.

Il est son assassin.
Ces murs renferment ses complices;
Menacés par ma voix du dernier des supplices,
Ils ont nommé l'auteur de cet affreux dessein.

NEPHTÉ.

Je te reconnois bien, âme dure & cruelle.
Barbare, mille fois depuis ce jour d'horreur,
Un soupçon renaissant t'accusoit dans mon cœur,
Et sans cesse m'offroit ta tête criminelle.
Tu respires encore! & mon époux, mon roi
Est perdu pour son peuple & ne vit plus pour moi.
Vengeance, soutiens mon courage.
Filles d'enfer, punissez le forfait,
Sur le cœur du coupable exercez votre rage;
Vengez-moi, vengez-vous, & je meurs sans regret.

AMÉDÈS.

Vous parlez de mourir; ah! malheureuse mère!
Et votre fils?...

NEPHTÉ.

Grands dieux!

AMÉDÈS.

Ses jours sont menacés.

NEPHTÉ.

Ciel!

AMÉDÈS.

Que deviendra-t-il, si vous le délaissez?

NEPHTÉ.

NEPHTÉ.

Mon fils!

AMÉDÈS.

L'infortuné n'a déja plus de père.

NEPHTÉ.

Dieux! de quelle frayeur je me sens émouvoir!
Tout me trouble, tout m'épouvante.
Mon cher fils, je crois déja voir
Un glaive suspendu sur ta tête innocente.
Tous mes sens sont glacés; ô vous, mon seul appui,
Ayez pitié de moi, daignez veiller sur lui:
Pour le défendre, hélas! je n'ai que ma tendresse.
Dérobez son enfance aux regards des mortels;
Qu'il respire un air libre à l'ombre des autels,
Et que ce temple saint protège sa foiblesse.

AMÉDÈS.

Au fond de ces tombeaux, il est un lieu sacré,
Du profane vulgaire à jamais ignoré.
Qu'il soit de votre fils l'asyle & la défense!

TOUS DEUX.

Ciel, nous te confions notre unique espérance.

AMÉDÈS.

Les prêtres des tombeaux répondent de son sort;

Ils sont ses défenseurs ; & si quelque perfide
Étendoit jusqu'à lui sa fureur homicide,
Pour prix de son audace il recevra la mort.
Sous ces cyprès bientôt le peuple va paroître
Pour faire un sacrifice aux mânes de son maître :
Je veux par un serment m'assurer de sa foi ;
Mais il faut que sans le connoître,
Il jure de punir l'assassin de son roi.
Les succès de Pharès l'ont rendu redoutable ;
L'Égypte admire encor sa féroce valeur,
Et le monstre est puissant autant qu'il est coupable.

NEPHTÉ.

Quoi ! Séthos dans Memphis n'auroit pas un vengeur ?

AMÉDÈS.

Memphis le vengera ; mais, pour punir le crime,
Gardons-nous d'en nommer l'auteur.
Le seul nom de Pharès inspire la frayeur.
Il faut qu'à notre voix tout le peuple s'anime,
Et fasse le serment de frapper l'assassin ;
Mais il ne connoîtra le nom de la victime,
Qu'en lui perçant le sein.

SCENE VII.

NEPHTÉ, AMÉDÈS, PRÊTRES, GRANDS DE L'ÉTAT, PEUPLE.

(Le temple s'ouvre, & l'intérieur en paroît obscur. Les prêtres en sortent en habits funèbres, & viennent se ranger le long des grottes : les grands de l'etat sortent du palais, & le peuple du fond. On élève un autel près du tombeau de Séthos. Amédès est seul auprès ; les prêtres à ses côtés ; les grands forment un cercle plus éloigné ; Nephté reste sur le devant de la scène, & le peuple inonde le fond.)

AMÉDÈS.

O MORT, divinité terrible ;
Tout fléchit sous tes loix.
A nos vœux, à nos pleurs, à nos cris insensible,
Tu frappes à la fois
Et le cèdre, & l'arbuste, & le foible & les rois.

CHŒUR DE PRÊTRES.

Ah! jamais ton bras inflexible

Ne nous fit mieux ſentir l'effet de ſon courroux:
O mort, divinité terrible,
Le plus aimé des rois eſt tombé ſous tes coups.

NEPHTÉ.

Tu m'as ravi tout ce que j'aime,
Mon roi, mon amant, mon époux;
Pour me rejoindre à lui, viens me frapper moi-même,
O mort, je bénirai tes coups.

CHŒUR GÉNÉRAL.

O mort, divinité terrible, &c.

(Les portes du temple s'ouvrent avec précipitation; l'intérieur en paroît éclairé d'une vive lumière; on en voit ſortir vingt-cinq jeunes filles vêtues de blanc. Elles s'avancent avec vîteſſe; la première ſe détache des autres, s'approche de Nephté, & dit les vers ſuivans avec tout l'extérieur d'une joie ſainte & d'un enthouſiaſme religieux.)

SCENE VIII.

LES PRÉCÉDENS, ET VINGT-CINQ JEUNES FILLES DU TEMPLE D'OSIRIS.

LA PREMIÈRE DES FILLES DU TEMPLE.

Pourquoi pleurer Séthos? Il n'eſt pas mort pour vous;
Les dieux l'ont rappellé dans leur ſphère immortelle;
Ses yeux toujours fixés ſur ſon peuple fidèle,
Du haut du firmament daignent veiller ſur nous.
Ceſſez de déplorer ſa perte;
Célébrez ſon nom glorieux.
Dès long-tems ſa tombe eſt déſerte;
Il habite déja les cieux.
Déja dans ſes mains bienfaiſantes
Le miniſtre aux aîles brillantes
Place des lauriers éternels.
La ſainte eſcorte l'environne,
Une main pure le couronne
Et le préſente aux immortels.

CHŒUR DE PRÊTRES.

Règne dans ton nouvel empire;

Jouis du bonheur qui t'eſt dû ;
Mais daigne quelquefois ſourire
A ce monde qui t'a perdu.

CHŒUR GÉNERAL.

Règne dans, &c.

AMÉDÊS.

En te dégageant de la vie,
La mort te rend à ta patrie,
Le dieu du jour t'appelle à ſoi.
Tranquille au ſéjour du tonnerre,
Tu reçois les vœux de la terre,
Et mes chants iront juſqu'à toi.

CHŒUR GÉNÉRAL.

Tranquille au ſéjour du tonnerre,
Tu reçois les vœux de la terre,
Et nos chants iront juſqu'à toi.

NEPHTÉ.

Peuple, ſi vous l'aimiez, votre reconnoiſſance
Ne doit pas ſe borner à chanter ce héros.
Vous ſavez qu'il périt par d'horribles complots;
Et ſes mânes en vain vous demandent vengeance.

CHŒUR DE GRANDS DE L'ÉTAT.

Ce crime eſt un ſecret qu'il nous faut révéler.

CHŒUR DE PEUPLE.

Nommez-nous l'aſſaſſin tout ſon ſang va couler.

AMÉDÈS.

Enfin je connois le coupable.

CHŒUR DE PEUPLE.

Qu'il périſſe dans les tourmens !

AMÉDÈS.

Il faut vous l'avouer, le monſtre eſt redoutable.

CHŒUR DE PEUPLE.

Qu'il périſſe dans les tourmens !

AMÉDÈS.

Eh bien ! le ciel le livre à vos reſſentimens ;
Dans les flots de ſon ſang éteignez ſa furie,
Et promettez, ſur la foi des ſermens,
De venger par ſa mort le deuil de la patrie.

CHŒUR DE PEUPLE.

Oui, nous vengerons la patrie ;
Oui, nous l'égorgerons le meurtrier impie :

Ensemble. O puissant Osiris, écoute nos sermens.

AMÉDÈS ET NEPHTÉ.

O puissant Osiris, écoute leurs sermens.

(On brûle l'encens ; on pose la victime sur l'autel, & le grand-prêtre saisit le couteau sacré qu'il tient levé en disant les vers suivans.)

AMÉDÈS.

Objet de notre amour, reçois ce sacrifice ;
Et sur tous tes vengeurs jette un regard propice;
Que ce couteau sacré, gage de leur fureur,
Déchire le sein du perfide.

(En frappant la victime.)

Périsse ainsi le parricide
Qui t'a plongé le poignard dans le cœur.

CHŒUR DE PEUPLE.

Périsse ainsi le parricide
Qui t'a plongé le poignard dans le cœur !
Et que ce fer, gage de ma fureur,
Déchire le sein du perfide.

AMÉDÈS.

Quand des ombres du soir, Memphis se couvrira ;

Je

Je nommerai l'auteur du crime;
Et vous frapperez la victime,
Quand cette main vous la désignera.

(Tous s'avancent sur le devant de la scène, & disent avec exaltation:)

CHŒUR GÉNÉRAL.

Toi que Memphis regrette, & que l'Égypte encense;
Tes mânes seront satisfaits.
Et vous, sainte justice, implacable vengeance,
Armez-vous, aidez-nous à punir les forfaits.

(Nephté entre sous la grotte où est son fils.)

Fin du premier Acte.

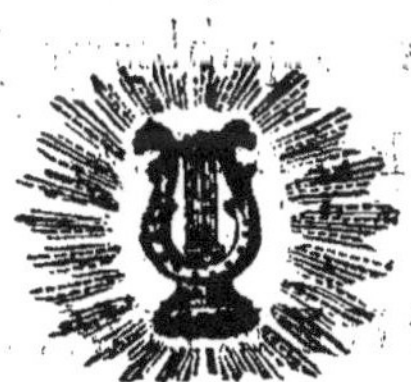

ACTE II.

Le théatre représente la salle du palais, où se trouve le trône des rois d'Égypte.

SCENE Ière.

PHARÈS, CHEMMIS.

PHARÈS.

Quoi! le traître animoit le peuple à la vengeance!
De quel œil ose-t-il pénétrer mes secrets?

CHEMMIS.

Hâtez-vous, armez-vous de la toute puissance;
Et confondez ses coupables projets.

PHARÈS.

Il m'a toujours haï.

CHEMMIS.

Tout le peuple vous aime.
Je l'ai fait assembler, soumis à votre voix,
Dans ce jour, dans ce palais même,

Il va vous élever au trône de ſes rois.
Pour conſerver le diadême,
Nephté d'un autre hymen doit s'impoſer les loix;
Son ſceptre, ſon amour, l'autorité ſuprême,
Seront enfin le prix de vos exploits.

PHARÈS.

Ce prêtre m'inquiète.

CHEMMIS.

Ah! de ſon imprudence
Vous le verrez bientôt demander le pardon.
Il n'a pas même oſé prononcer votre nom;
Et par crainte il a feint de garder le ſilence.
Régnez, & devant vous il viendra s'abaiſſer.

PHARÈS.

Ce prêtre me tourmente.

CHEMMIS.

Ah! ceſſez d'y penſer.
Seriez-vous effrayé d'une vaine menace?
Qu'il garde ſon ſecret; s'il l'oſoit révéler,
La mort ſeroit bientôt le prix de ſon audace.

PHARÈS.

Eh! pourquoi lui laiſſer le pouvoir de parler?

CHEMMIS.

J'entends. Il périra; je veux vous l'immoler.

PHARÈS.

Je reconnois enfin ton amour pour ton maître.

(Chemmis met la main sur son poignard.)

Arme-toi, va chercher ce traître;
Comme une ombre importune environne ses pas;
Laisse-le respirer tant qu'il saura se taire,
Mais s'il rompt le mystère,
Frappe, frappe; un seul mot mérite le trépas.

Ensemble.

Amour, ambition, haine, fureur, vengeance;
Venez, dévorez-moi, je m'abandonne à vous.
Un seul mortel, un seul, s'oppose à ma puissance;
Faites qu'il tombe sous mes coups;
Haine, fureur, vengeance,
Je m'abandonne à vous.

CHEMMIS.

Je servirai votre vengeance,
L'audacieux tombera sous mes coups.
Malheur à ceux dont l'imprudence
Allumera votre courroux.
Comptez, comptez sur la vengeance,
Chemmis sera digne de vous. *(Il sort.)*

SCENE II.

(L'on entend dans le fond le tumulte des soldats qui s'assemblent.)

PHARÈS, *seul.*

Le peuple vient. Pharès, arme-toi de courage.
Tes fidèles soldats t'ont promis leur suffrage:
Ce jour doit pour jamais décider de ton sort;
Ce jour doit te donner ou le trône ou la mort.

SCENE III.

PHARÈS, GRANDS DE L'ÉTAT, CHEFS DE L'ARMÉE, SOLDATS.

(Après la marche guerrière, tous les soldats se rangent sur les côtés des colonnes; les Chefs occupent le milieu, & laissent cependant toujours appercevoir le trône.

PHARÈS.

Soldats, dans les dangers qui menacent l'empire,
Il est tems de répondre aux vœux de votre roi.
Sur ce trône superbe, où son ombre respire,

Il eſt encore aſſis, & nous dicte ſa loi.
Fière de ſon trépas & de notre impuiſſance,
Toute l'Aſie armée aſpire à la vengeance,
Et relève ce front que Séthos a ſoumis.
Cent peuples en fureur, voilà vos ennemis,
Une femme, un enfant, voilà votre défenſe.
La mort d'un ſeul héros ſuffira-t-elle, hélas!
Pour n'oſer plus tenter le haſard des combats?
Nous, ſujets de Séthos, compagnons de ſa gloire,
Dites, laiſſerons-nous outrager ſa mémoire?
Nommons, nommons un chef, dont la haute valeur,
De tous nos ennemis diſſipe la fureur.

CHŒUR DE SOLDATS.

Nommons, nommons un chef, &c.

PHARÉS.

Volons à la victoire. O Séthos, ô mon frère;
Donne, donne à ton peuple un avis ſalutaire;
Et s'il trouve un héros digne de ce grand choix,
Pharès, Pharès lui-même obéit à ſes loix.

CHŒUR.

Pharès! Pharès! le ciel à la gloire t'appelle;
Tu régneras ſur nous; tu ſeras notre appui;
Le frère de Séthos eſt ſeul digne de lui.

PHARÈS.

Peuple, de trop d'éclat vous honorez mon zèle.
Puiſque vous confiez cet empire à ma foi,
Je veux le conſerver au fils de notre roi.
Les dieux ne m'ont pas fait pour aſpirer au trône;
Il faut, pour l'obtenir, mériter la couronne.
Ce glaive me ſuffit, il ſaura nous venger.
Soldats, autour de moi venez tous vous ranger.
Jurons, vous d'obéir, & moi de vous défendre.

(*Les ſoldats l'environnent.*)

CHŒUR.

Pharès! Pharès! lui ſeul peut nous défendre;
Qu'il règne.....

SCENE IV.

LES PRÉCÉDENS, NEPHTÉ, FEMMES *de ſa ſuite, qui reſtent au fond.*

NEPHTÉ, *interrompant le chœur.*

JUSTE ciel! quels cris ſe font entendre!
Quelle profane joie en ces jours de douleurs,
Inſulte à mon époux, & ſe mêle à mes pleurs?

PHARÈS.

Ah! reine! pardonnez au motif qui l'inspire;
Il nous falloit un chef, & ces braves soldats
Ont fait choix d'un guerrier qui les guide aux combats.
C'est moi qu'ils ont chargé de veiller sur l'empire.

NEPHTÉ, *indignée.*

Ce peuple? vous! Pharès!

PHARÈS.

Le frère de Séthos
Se montrera toujours digne de ce héros.
Il saura l'imiter.

NEPHTÉ.

O ciel! puis-je le croire?
Peuple, vous ignorez.....

PHARÈS, *interrompant vivement.*

Oui, peuple, un assassin
Du plus aimé des rois osa percer le sein.

(*A Nephté.*)

Pensez-vous que Pharès en perde la mémoire?
Je connois le coupable, & son supplice est prêt.
Je sais trop qu'Amédès, par un zèle indiscret,
De venger votre époux veut s'arroger la gloire,

Mais

Mais chef de nos guerriers, & frère de leur roi,
L'honneur de le venger ne regarde que moi.

NEPHTÉ, *à part.*

Dans quel abîme affreux ſuis-je donc deſcendue?
Me faudra-t-il toujours étouffer ma fureur?

PHARÈS.

Belle Nephté, la gloire en ces lieux répandue
Flatte bien foiblement mon cœur;
Elle combleroit mon bonheur,
Si de vous je l'avois reçue;
Et ſur le trône aſſis, j'aurois fait mon plaiſir
De vous ſervir ſans ceſſe, & de vous obéir.

(Cette ſcène de Pharès & de Nephté ſe paſſe ſur le devant du théatre, ſans être entendue du peuple.)

NEPHTÉ.

Gardez, envahiſſez le trône;
Je ne l'envîrai point, il vous a trop coûté.
Bientôt Memphis qui vous le donne,
Saura par quels exploits vous l'avez mérité:
Gardez, envahiſſez le trône;
Je ne l'envîrai point, il vous a trop coûté.

CHŒUR.

Invincible Pharès, vertueuſe Nephté,
Uniſſez-vous, régnez, partagez la couronne.

PHARÈS.

Mais pourquoi de Séthos ne vois-je point le fils?

NEPHTÉ.

Mon fils! dieux!

PHARÈS.

En mes mains il doit être remis.

NEPHTÉ.

O ciel! qu'ai-je entendu?

PHARÈS.

C'eſt à moi de l'inſtruire;
Je dois l'accoutumer au fardeau d'un empire.

NEPHTÉ.

S'il faut au diadême habituer ſon front,
Sa mère vit encore, & ſes mains ſuffiront.

PHARÈS.

Mais pourquoi nous cacher le fils de notre maître?
Il faut qu'il vive au ſein de ſes ſujets,
Qu'il s'habitue à les connoître.

(Aux ſoldats.)

Qu'on cherche cet enfant.

(Quelques ſoldats ſortent.)

NEPHTÉ.

O comble de forfaits !
Voulez-vous donc encore le ravir à ſa mère ?
Cruel, laiſſez-le libre, ou rendez-lui ſon père.

PHARÈS.

Vous voyez, juſtes dieux ! les maux que je lui fais.
Soldats, allons au temple offrir un ſacrifice;
Contre nos ennemis implorons la juſtice ;
Et quand l'aube du jour blanchira les côteaux,
Demain aux bords du Nil aſſemblez vos drapeaux.
Vous, Nephté, je n'ai plus qu'un ſeul mot à vous dire:
Si Memphis d'un vainqueur éprouve le courroux,
Si vous perdez enfin votre fils & l'empire,
Inflexible Nephté, n'en accuſez que vous.

CHŒUR, *à Nephté.*

Acceptez un époux que tout Memphis admire ;
Couronnez ce héros, il eſt digne de vous.

(Pharés ſort ſuivi des ſoldats.)

SCENE V.

NEPHTÉ, CHŒUR DE FEMMES, *dans le fond.*

NEPHTE, *sur le devant de la scène.*

Sort cruel, es-tu las d'éprouver ma constance?
Faudra-t-il donc mourir, & mourir sans vengeance?
Un assassin triomphe; il est choisi pour roi,
Et j'expose mon fils, si je romps le silence.
Amédès ne vient point; tout me glace d'effroi.
O toi, que j'ai perdu, cher objet de mes larmes,
Ta mort n'étoit donc pas le dernier de mes maux?
Quand pourrai-je te suivre, oublier mes alarmes,
Et jouir avec toi d'un éternel repos?
De toutes parts la fortune cruelle
Me présente un abîme où je dois me plonger.
Si je cède au destin, je vivrai criminelle,
Et ton fils va périr, si je veux te venger.
O toi, que j'ai perdu, cher objet de mes larmes,
Ta mort n'étoit donc pas le dernier de mes maux?
Dieux justes! dieux puissans! vous voyez mes alarmes;
De mon cher fils du moins assurez le repos;

S'il vit heureux, la mort aura pour moi des charmes :
Ouvrez-moi, par pitié, le chemin des tombeaux.

UNE DES FEMMES, *s'approchant lentement de Nephté.*

Reine.....

NEPHTÉ.

Que voulez-vous ?

UNE AUTRE FEMME.

Partager vos alarmes.

NEPHTÉ.

Laiſſez-moi.

UNE AUTRE FEMME.

Nous venons pour eſſuyer vos larmes.

NEPHTÉ.

Le deſtin me pourſuit, évitez ſon courroux ;
Fuyez l'horreur qui m'environne.

TOUTES LES FEMMES.

Si nos ſoins vous ſont chers, notre ſort eſt trop doux ;
Sur le trône, loin du trône,
Vous régnez toujours ſur nous. .

NEPHTÉ.

Eh! que puis-je pour vous, lorſque tout m'abandonne?

CHŒUR DE FEMMES.

Nous voulons vous ſervir, partager vos douleurs;
Nous vous ſerons toujours fidelles.

NEPHTÉ.

Grands dieux! récompenſez la bonté de leurs cœurs;
Nephté ne peut plus rien pour elles.

CHŒUR.

Enſemble.

Nous vous ſuivrons par-tout, nous eſſuîrons vos pleurs;
Nous vous ſerons toujours fidelles.

NEPHTÉ.

Je te rends grâce, ô ſort! puiſque dans mes malheurs,
Je trouve encor des cœurs fidelles.

NEPHTÉ.

Laiſſez-moi, j'ai beſoin d'être ſeule un moment.

CHŒUR DE FEMMES, *en s'éloignant.*

O dieux conſolateurs, appaiſez ſon tourment.

(Elles ſortent.)

SCENE VI.

NEPHTÉ, *feule.*

Tout redouble ma crainte & mon inquiétude.
Se peut-il qu'Amédès dans les fers arrêté ?...
O funefte foupçon ! mortelle incertitude !
Ton afyle, mon fils, fera-t-il refpecté ?
Peut-être en ce moment.....

(Elle voit venir le grand-prêtre.)

Amédès ! ô mon père !

SCENE VII.

NEPHTÉ, AMÉDÈS, CHEMMIS, *qui refte loin de Nephté & immobile.*

AMÉDÈS.

Je fais tous vos malheurs, l'ufurpateur profpère.
Mes pas font obfervés, on attente à mes jours,
Et le ciel à nos pleurs refufe fon fecours.

NEPHTÉ.

Qu'eft devenu mon fils ?

AMÉDÈS.

Nos prêtres l'environnent,
Et tous expireront, avant qu'ils l'abandonnent.

NEPHTÉ.

O jour rempli d'horreurs!

AMÉDÈS.

O terrible deſtin!

NEPHTÉ.

Faut-il qu'un parricide.....

AMÉDÈS.

Un infâme aſſaſſin?.....

CHEMMIS, *de loin.*

Prêtre, reſſouviens-toi que Pharès eſt ton maître;
Qu'il te voit, qu'il t'entend, qu'un ſeul mot indiſcret
Du nombre des vivans te fera diſparoître;
Apprends à mériter la grace qu'il te fait.

NEPHTÉ.

Qu'ai-je entendu, grands dieux! un vil eſclave, un traître,
Juſque dans ce palais porte ſes attentats?

AMÉDÈS.

Juſte ciel! daigne armer mon bras.

NEPHTÉ.

NEPHTÉ.

Hélas! vous périrez.

AMÉDÈS.

Eh! qu'importe ma vie?
J'aurai vengé mon roi, mes dieux & ma patrie;
Tous mes jours ſont comptés, & ce ſeroit en vain
Que je voudrois encore en reculer la fin.

NEPHTÉ.

O ciel! aux coups de ta juſtice
L'innocent doit-il donc s'offrir?
Ah! ſi vous l'exigez ce cruel ſacrifice,
C'eſt moi ſeule qui dois périr.

AMÉDÈS.

Vous, mourir? vous, à votre aurore?
Vous pouvez eſpérer encore
Un règne plus tranquille & des jours plus heureux.
(*Haut.*)
Ah! ne m'enviez pas ce trépas glorieux.

CHEMMIS, *de loin.*

Il demande à périr, j'accomplirai ſes vœux.

AMÉDÈS, *à Nephté.*

Séthos vous laiſſe un fils, il vous condamne à vivre.

NEPHTÉ.

Je vous le confîrai ce dépôt précieux;
Et la mère & l'enfant vous conjurent de vivre.

AMÉDÈS.

L'époux que vous pleurez vous défend de le ſuivre.

NEPHTÉ.

Sort cruel, laiſſez-moi le venger & le ſuivre,
Sans plaintes, ſans regrets, je fermerai les yeux.

AMÉDÈS.

Séthos vous laiſſe un fils, il vous condamne à vivre.

NEPHTÉ.

Je vous le confîrai ce dépôt précieux.

AMÉDÈS.

Ce fils infortuné pourra-t-il vous ſurvivre?

NEPHTÉ.

Ah!

AMÉDÈS.

Ne m'enviez pas ce trépas glorieux.

NEPHTÉ.

O douleur! ô combats!

AMÉDÈS.

O deſtin rigoureux !

NEPHTÉ.

Mon fils n'a plus que vous ; le crime l'environne.
Vivez, vivez pour lui ; c'eſt à moi d'expirer :
Le malheur me pourſuit, & le ciel m'abandonne
La mort eſt le ſeul bien que je puiſſe eſpérer.

AMÉDÈS.

Divin flambeau des cieux, ô dieu puiſſant, pardonne,
Si contre tes décrets nous oſons murmurer ;
Ah ! daigne voir l'objet que ta main abandonne,
Dans ta juſtice enfin permets-lui d'eſpérer.

Enſemble.

CHEMMIS, *de loin à Amedès.*

C'eſt la mort, c'eſt la mort que tu dois implorer ;
Elle eſt prête à te dévorer.
Déja ſon ombre t'environne ;
C'eſt la mort, c'eſt la mort que tu dois implorer.

SCENE VIII.

LES PRECÉDENS, UN PRÊTRE DES TOMBEAUX.

LE PRÊTRE, *à Amédès.*

AH! ſeigneur, accourez, & venez nous défendre.

NEPHTÉ.

Je tremble.

LE PRÊTRE.

Les ſoldats & Pharès, à grands cris,
De notre roi nous demandent le fils.

NEPHTÉ.

Dieux!

AMÉDÈS, *au prêtre.*

Suivez-moi; mourons plutôt que de le rendre.

NEPHTÉ.

Non, non, je veux le voir, l'arracher au trépas,
Le tenir embraſſé. Le monſtre parricide
Oſera-t-il venir le chercher dans mes bras?

AMÉDÈS.

Ah! reine, à leur fureur ne vous expoſez pas.
Je vole à ſon ſecours; c'eſt le ciel qui me guide.

LE PRÊTRE.

Volons à ſon ſecours, c'eſt le ciel qui nous guide.

(Ils ſortent.)

CHEMMIS, *à part.*

Tu n'y ſeras pas ſeul, je vole ſur tes pas.

(Il les ſuit.)

NEPHTÉ.

Grands dieux! dans mes malheurs ne m'abandonnez pas.

Enſemble.

SCENE IX.

(Pendant ce monologue, on entend un tumulte dans le fond de la ſcène.)

NEPHTÉ, *ſeule.*

Asyle de la mort, voûte paiſible & ſombre,
Protégez cet enfant, couvrez-le de votre ombre;
Ou s'il doit de ce monſtre éprouver la fureur,
Fermez, fermez mes yeux, témoins de ſon malheur.

SCENE X.

NEPHTÉ, GRANDS DE L'ÉTAT, PEUPLE, SOLDATS.

PEUPLE ET SOLDATS, *à Nephté.*

N'IRRITEZ pas les dieux par trop de réſiſtance;
Rendez le calme à vos ſujets.
Notre bonheur dépend du bonheur de Pharès;
Couronnez ce héros, notre ſeule défenſe.

GRANDS DE L'ÉTAT.

Couronnez ce héros, notre ſeule défenſe,
Rendez le calme à vos ſujets.

PEUPLE ET SOLDATS.

Séthos ne veut de vous que votre obéiſſance.

TOUS.

Couronnez ce héros, notre ſeule défenſe,
Rendez le calme à vos ſujets.

NEPHTÉ.

O ciel! à quel excès d'audace
Le traître a-t-il pu les porter?

On ne me connoît plus, un peuple me menace,
Et jusqu'en mon palais il ose m'insulter!

PEUPLE ET SOLDATS.

Épousez notre roi, c'est Séthos qui l'ordonne.
Pharès est le soutien du trône,
Il fait trembler nos ennemis.
Couronnez ce héros, votre époux vous l'ordonne.

GRANDS DE L'ÉTAT.

Songez du moins à votre fils,
Et conservez-lui la couronne.

PEUPLE ET SOLDATS.

Oui, vous trahissez votre fils,
Vous lui ravissez la couronne.

NEPHTÉ, *à part.*

Où suis-je? quel nouveau transport?
Un feu divin m'anime & me rend l'espérance.
Sans trouble, sans frayeur j'envisage la mort;
Il faut me dévouer.

PEUPLE ET SOLDATS.

C'est trop de résistance.

NEPHTÉ, *ſans les entendre.*

Si je tarde, le monſtre échappe à la vengeance:
O dieux, qui m'inſpirez ce généreux effort,
Recevez ma reconnoiſſance.

(*Haut.*)

Peuple, le ciel enfin m'éclaire ſur mon ſort.
Je me rends aux vœux de l'empire.
Je m'unis à Pharès par les nœuds de l'hymen;
Autant je l'évitois, autant je le deſire,
Aujourd'hui dans le temple, il recevra ma main.

CHŒUR GÉNÉRAL.

O bonheur! ô jour d'ivreſſe!
Pharès eſt heureux à jamais.
Retentiſſez, chants d'allégreſſe,
Le ciel a comblé nos ſouhaits.

NEPHTÉ.

(*Enſemble tout le reſte de la ſcène.*)

Puiſſante Iſis, bienfaiſante déeſſe,
Vous ſavez les vœux que je fais.
Animez mon courage, écartez ma foibleſſe,
(*A part.*)
Et ſoutenez mes terribles projets.

CHŒUR.

CHŒUR.

Ah! puiſſe la grande déeſſe
Vous combler des plus doux bienfaits!
Pharès aura votre tendreſſe,
Vous ſerez heureux à jamais.

(*Nephté ſort.*)

Retentiſſez, chants d'allégreſſe,
Le ciel a comblé nos ſouhaits.

(*Divertiſſement vif & court.*)

Fin du ſecond Acte.

G

ACTE III.

Le théâtre représente le temple d'Osiris, ou du Soleil. Il doit être de forme circulaire & d'une très-vaste étendue. L'autel s'élève au milieu, & le tout doit être d'une architecture simple & sevère.

SCENE I^ERE.

NEPHTÉ *seule, parcourt lentement le temple.*

PALAIS des dieux, séjour de l'innocence,
Écoutez mes derniers accens.
Vos portiques sacrés, votre auguste silence
D'une sainte terreur saisissent tous mes sens.
Hélas! plus que jamais j'ai besoin d'assistance.
Dieux terribles, dieux bienfaisans,
Vous qui protégiez mon enfance,
Veillez sur mes derniers momens.

O toi, ma plus chère espérance,
Toi pour qui je m'impose un si cruel devoir;

Voici la fin de notre abſence:
Ta fidelle Nephté va bientôt te revoir,
Et tu ſeras ſa récompenſe.
Et toi, brillant Soleil, immortel Oſiris,
O redoutable Ammon, bienfaiſant Sérapis,
Et vous, fleuve ſacré, ſource de l'abondance,
Divinités des mers, de la terre & des cieux,
Auguſtes déités, que l'univers encenſe,
Sur ce temple jettez les yeux,
Et recevez les vœux de l'innocence.
Et toi qui d'un époux ſus venger le trépas,
Iſis, puiſſante Iſis, ô terrible déeſſe,
Nos deſtins ſont pareils; guide, guide mes pas;
Et chaſſe de mon cœur un reſte de foibleſſe.
O Séthos, ô mon ſeul eſpoir,
Voici la fin de notre abſence.
Ta fidelle Nephté va bientôt te revoir,
Et tu ſeras ſa récompenſe.
Amédès vient à moi. Je tremble; juſtes cieux,
Effacez de mon front tout funeſte préſage;
Cachez-lui mes deſſeins: donnez-moi le courage
De tromper ſa tendreſſe, & de feindre à ſes yeux.

SCENE II.

NEPHTÉ, AMÉDÈS.

AMÉDÈS.

Reine, un bruit ſe répand; mais qui pourroit le croire?
On dit que mépriſant & l'honneur & la gloire,
Aujourd'hui, dans ce temple, à Pharès... non, grands dieux!
Je ne puis répéter ce menſonge odieux.
Les cruels m'ont trompé. L'exécrable impoſture
Tente en vain de noircir une vertu ſi pure;
Moi-même je rougis du trouble de mon cœur,
Et je viens à vos pieds expier mon erreur.

NEPHTÉ.

Hélas!

AMÉDÈS.

Vous ſoupirez? Vous gardez le ſilence?

NEPHTÉ.

Ah!

AMÉDÈS.

De votre embarras que faut-il que je penſe?

NEPHTÉ.

Vous ſavez mes malheurs.

AMÉDÈS.

Je les ſens comme vous.

NEPHTÉ.

Le ſort me pourſuivoit avec tant de courroux....

AMÉDÈS.

Achevez !

NEPHTÉ.

D'un ſeul fils, toute mon eſpérance ;
J'ai dû ſauver les jours.

AMÉDÈS.

Eh bien !

NEPHTÉ.

Quelle ſouffrance !
Ah ! ne m'accablez pas de votre inimitié :
Nephté, quoique coupable, eſt digne de pitié.

AMÉDÈS.

Coupable ! juſte ciel ! quoi ! cet hymen horrible,
Vous oſez l'avouer ?

NEPHTÉ, *à part.*

O contrainte ! ô douleur !
Faut-il que je déchire une âme auſſi ſenſible ?
O contrainte ! ô moment terrible !
C'eſt moi qui lui perce le cœur.

AMÉDÈS.

O ma fille ! il eſt donc poſſible !
Ma fille a pu nourrir un forfait dans ſon cœur.
Je le ſavois, cruelle ; & mon âme ſenſible
Vouloit douter de ſon malheur.

NEPHTÉ.

Mon père, n'accuſez que le ſort qui m'accable ;
Vers cet affreux hymen lui ſeul porte mes pas.

AMÉDÈS.

Non, ce n'eſt point le ſort, vous ſeule êtes coupable ;
Non, cet affreux hymen ne s'accomplira pas.

NEPHTÉ.

N'expoſez pas vos jours.

AMÉDÈS.

Je punirai le crime.

NEPHTÉ.

Le tyran vous menace.

AMÉDÈS.

Il ſera la victime.

NEPHTÉ.

Hélas! il eſt puiſſant, il fait taire les loix.
Il règne.

AMÉDÈS.

Il eſt un dieu qui règne ſur les rois.

NEPHTÉ, *à part.*

Ensemble.

O contrainte! ô moment terrible!
Je ne puis ſupporter l'excès de ſa douleur.

AMÉDÈS.

O ma fille! il eſt donc poſſible?
Ma fille a pu nourrir un forfait dans ſon cœur?

NEPHTÉ.

N'accuſez que le ſort; c'eſt lui ſeul qui m'accable.

AMÉDÈS.

Non, ce n'eſt point le ſort; vous ſeule êtes coupable.

NEPHTÉ.

Vers cet affreux hymen, il entraîna mes pas.

AMÉDÈS.

Non, cet affreux hymen ne s'accomplira pas.

NEPHTÉ, *à part.*

O contrainte! &c.

AMÉDÈS.

O ma fille! &c.

Ensemble.

(*On entend dans le fond le tumulte du peuple qui s'assemble pour la cérémonie. Amédès veut sortir; Nephté l'arrête.*

NEPHTÉ, *avec précipitation.*

O ciel! n'augmentez pas l'excès de ma souffrance
Par les dangers que vous allez courir.
De grâce, attendez en silence
Ce que le ciel bientôt saura nous découvrir;
Et s'il est un forfait, la céleste vengeance
Sans vous saura bien le punir.

AMÉDÈS.

Eh bien! j'en accepte l'augure;
Vers un honteux hymen précipitez vos pas;

Mais

Mais tremblez, & n'oubliez pas
Que vous êtes au temple, & vous êtes parjure.

(*Le bruit redouble, & la marche commence dans le fond. Amédès sort.*)

NEPHTÉ.

Où fuyez-vous, mon père ? O ciel ! je vous conjure,
Dans ce moment affreux ne m'abandonnez pas.

AMÉDÈS, *en sortant.*

Non, cet affreux hymen ne s'accomplira pas.

(*La marche continue; & dès que le grand-prêtre est sorti, on voit paroître les prêtres, & on entend le chœur.*)

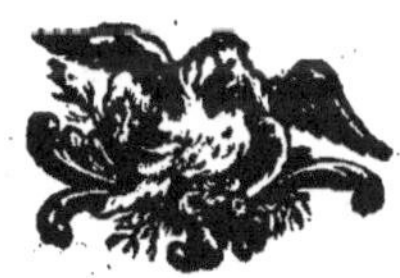

SCENE III.

NEPHTÉ, PHARÈS, PRÊTRES, SOLDATS, FEMMES DE LA REINE, FILLES DU TEMPLE D'OSIRIS, ET LE FILS DE NEPHTÉ *conduit par les femmes.*

(*On porte dans la marche toutes les choses nécessaires à la cérémonie, & au sacrifice.*)

CHŒUR, *de loin.*

DIEU de Memphis, Dieu tutélaire;
Soleil, répands sur nous tes bienfaits & tes feux.

(*Le chœur cesse, & reprend par intervalles.*)

CHŒUR.

De deux époux écoute la prière;
Et daigne sourire à leurs vœux.

NEPHTÉ, *appercevant son fils.*

(*A part, avec douleur.*)

O mon fils! ô mon fils.

(*Haut.*)

Embrassez votre mère.

CHŒUR.

Dieu de Memphis, dieu tutélaire,
Soleil, répands ſur nous tes bienfaits & tes feux.

PHARÈS, *à Nephté.*

Quoi! vous me devancez dans ces auguſtes lieux?
Que cet empreſſement eſt flatteur pour ma flamme!

NEPHTÉ.

Ces lieux ont éclairé mon âme;
Oui, Pharès, je promets de paſſer avec toi
Tout le tems que le ciel nous permettra de vivre.
Même dans le tombeau je jure de te ſuivre,
Ce temple eſt garant de ma foi.

PHARÈS.

Enſemble.

Jour de triomphe, jour proſpère!
O Soleil, hâte-toi de couronner mes vœux.

CHŒUR.

Dieu de Memphis, dieu tutélaire,
Soleil! répands ſur nous tes bienfaits & tes feux.

NEPHTÉ, *à part, rendant ſon fils aux femmes.*

Dieux! écartez de moi cette image trop chère;
Je le ſens, je le ſens, je trahirois mes vœux.

H 2

(Lorsque les prêtres se sont placés autour de l'autel, & que le peuple & les soldats ont occupé le fond, Nephté passe à la gauche avec ses femmes, & Pharès à la droite avec les guerriers. Alors un des premiers prêtres se place derrière l'autel, faisant face aux spectateurs; il y pose la coupe nuptiale, & chante l'hymne à l'Hymen.

UN PRÊTRE.

Hymen, déité consolante,
D'un couple fortuné viens couronner l'ardeur.
Fais-le brûler de ta flamme constante;
C'est de ta main qu'il attend le bonheur.

TOUS, *excepté Nephté.*

Hymen, ô doux Hymen, déité consolante,
D'un couple fortuné, viens couronner l'ardeur.

Ensemble.

PHARÈS.

Hymen! ô doux Hymen! viens hâter mon bonheur.

NEPHTÉ, *à part.*

Hymen, terrible Hymen, viens & sois mon vengeur.

(Pendant le chœur, Pharès & Nephté paſſent derrière l'autel.)

NEPHTÉ, *tenant la coupe.*

Sur cette coupe & ce breuvage,
Grands dieux, répandez vos bienfaits.

(A Pharès.)

Que de nos maux paſſés il efface l'image,
Et qu'il nous uniſſe à jamais !

(Pendant que les époux boivent dans la coupe nuptiale, que Nephté a empoiſonnée, on brûle l'encens, & les filles du temple expriment par une pantomime la joie du peuple & le bonheur des époux.)

CHŒUR.

Hymen, déité conſolante,
D'un couple fortuné viens couronner l'ardeur.

(Pharès & Nephté quittent l'autel, & reprennent leur place.)

CHŒUR.

Fais-le brûler de ta flamme constante ;
C'est de ta main qu'il attend le bonheur.
Hymen ! ô doux Hymen ! déité consolante,
D'un couple fortuné viens couronner l'ardeur.

PHARÈS.

O doux Hymen, déité bienfaisante,
C'est de ta main que j'obtiens le bonheur.
Ah ! pour l'heureux Pharès quelle gloire éclatante !
Pour ses travaux guerriers quel présage flatteur !

NEPHTÉ, *à part.*

Enfin, je vais mourir contente.
Le coupable est puni. La mort est dans son cœur ;
Je te rends grâce, Isis, déité bienfaisante ;
Mon fils règne, & Séthos a trouvé son vengeur.

Ensemble.

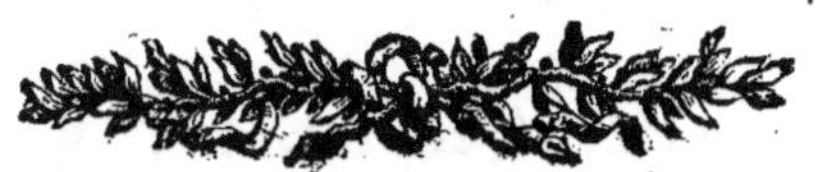

SCENE IV.

LES PRÉCÉDENS, AMÉDÈS, SOLDATS.

CHŒUR, *qui est interrompu par Amédès.*

HYMEN.....

AMÉDÈS, *entrant avec des soldats armés.*

Cessez, cessez un affreux sacrifice;
Par des vœux criminels n'irritez pas les dieux.
Aux mânes de Séthos il faut faire justice.
L'assassin vit encor, même il est dans ces lieux;
C'est Pharès.

PHARÈS.

Dieux!

CHŒUR.

Pharès!

AMÉDÈS, ET SOLDATS A SA SUITE.

Que le monstre périsse!

AMÉDÈS *seul, armé d'un poignard.*

Assez, & trop long-tems il sut braver les loix;
Sur ce vil meurtrier tombons tous à la fois;

Qu'il périſſe !

NEPHTÉ.

Arrêtez ; j'ai vengé la patrie.

AMÉDÈS.

Quoi ! vous-même, Nephté, vous protégez l'impie!

NEPHTÉ.

Peuple, prêtez l'oreille à ma mourante voix.
Sur les bords de la tombe où votre roi m'appelle ;
Dans ce temple où bientôt je vais mourir fidelle
A l'époux le plus regretté,
Je vais vous découvrir l'affreuſe vérité.
Pharès eſt l'aſſaſſin ; c'eſt lui dont la furie
Au plus aimé des rois fit arracher la vie ;
La fortune ſourit à tous ſes attentats.
Souillé du meurtre de ſon frére,
Oſant tout, bravant tout, protégé des ſoldats ;
Au trône de Séthos il fut porter ſes pas ;
Et couvrant ſes forfaits des ombres du myſtère,
Parricide impuni, reſpirant l'adultère,
Il voulut me forcer à paſſer dans ſes bras.
Et moi, mère tremblante, épouſe infortunée ;
Reine ſans trône, & veuve abandonnée,

Je

Je n'avois à choisir que l'opprobre ou la mort;
Mais le ciel à la fin eut pitié de mon sort.
Apprends donc, ô tyran, comment cet hymenée
A la mienne en ce jour unit ta destinée;
Apprends, & s'il se peut, écoute sans frayeur,
Comment Nephté sut mettre un frein à ta fureur.
Contrainte de traîner la chaîne nuptiale,
Et d'accepter la main qui me faisoit horreur;
Moi-même j'ai versé dans la coupe fatale
Un poison qui déja te dévore le cœur.

CHŒUR ET PHARÈS.

Dieux!

NEPHTÉ, *à Pharès.*

Comme toi j'en serai la victime;
Mais je venge Séthos & je punis ton crime.
Nous mourons.... & déja le poison répandu
Va laisser aux mortels un exemple terrible;
Un nuage sur nous est déja descendu.
Mais ma mort est tranquille, & la tienne est horrible.

PHARÈS, *avec rage.*

Oui, je meurs; oui, je cède à l'aveugle destin:
Je meurs... & tout l'enfer est déja dans mon sein.
Non qu'un lâche remords puisse entrer dans mon âme;

Mais honteux de périr de la main d'une femme :
Mon trépas est affreux... Je succombe aux regrets
De n'avoir pu ravir le prix de mes forfaits ;
Et si quelque douleur me poursuit dans mon crime,
C'est de n'avoir frappé qu'une seule victime.

NEPHTÉ.

Fuis donc, fuis de ce temple, ôte-toi de mes yeux ;
Que ton dernier soupir ne souille pas ces lieux.

(Les soldats enveloppent Pharès, & l'entraînent hors du temple.)

AMÉDÈS.

O sublimes vertus !

CHŒUR.

O malheureuse mère !

SCENE V & derniere.

NEPHTÉ, AMÉDÈS, FEMMES, PEUPLE, SOLDATS, L'ENFANT.

NEPHTÉ, *affoiblie par le poiſon.*

Ah! c'en eſt fait... je touche à mon heure dernière...
Un trouble ſe répand ſur tout ce que je voi...

(*Ses femmes la ſoutiennent & la font aſſeoir.*)

Je ne me ſoutiens plus... tout mon cœur ſe reſſerre...

(*On approche l'enfant.*)

Faites venir mon fils... Mon fils, embraſſe-moi...
La ſenſible Nephté ne regrette que toi...
Sèche, sèche tes pleurs, je vais revoir ton père.

AMÉDÈS.

O douleur déchirante!

CHŒUR.

O malheureuſe mère!

NEPHTÉ, *encore plus foible.*

Ne pleurez pas mon ſort, il n'eſt pas malheureux.
J'ai rempli mes devoirs... mon fils reſpire encore;

Ah! conservez-le bien, ce dépôt précieux;
C'est l'image du roi que tout Memphis adore.

(A ses femmes.)

Donnez-moi le bandeau que j'ai fait préparer,
Qu'il lui serve de diadême...
Je veux... avant que d'expirer,
Sur son front l'attacher moi-même.
Memphis, voilà ton roi.....

(Nephté expire en prononçant ces mots, & les soldats saisissent l'enfant, l'élèvent sur un pavois, & le présentent au peuple, qui tombe à genoux.)

CHŒUR.

Veillez sur lui, grands dieux!
Qu'il imite Séthos, mais qu'il soit plus heureux.

FIN.

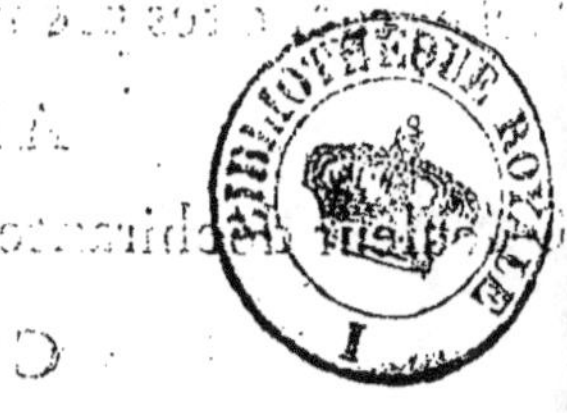

www.ingramcontent.com/pod-product-compliance
Lightning Source LLC
LaVergne TN
LVHW010619110826
845149LV00003B/982